NOTICE

SUR

L'ASILE DES FEMMES ALIÉNÉES

DE BORDEAUX

Autrefois situé au numéro 145 du cours Saint-Jean

Et aujourd'hui sur le domaine de Château-Picon

BORDEAUX

IMPRIMERIE G. GOUNOUILHOU

11, RUE GUIRAUDE, 11

1895

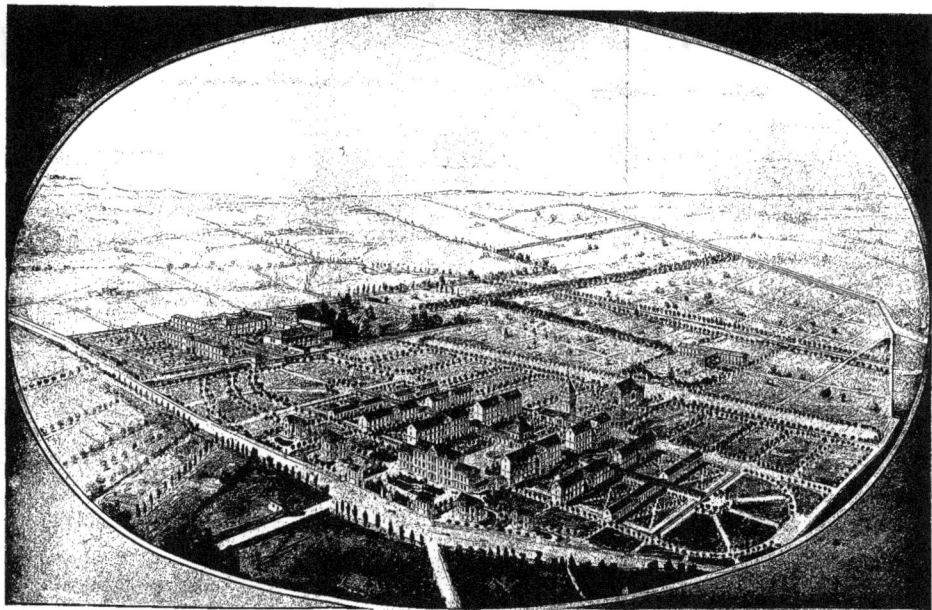

Terperven, phot.

NOTICE

L'ASILE DES FEMMES ALIÉNÉES

DE BORDEAUX

Autrefois situé au numéro 145 du cours Saint-Jean

Et aujourd'hui sur le domaine de Château-Picon

IMPRIMERIE G. GOUNOUILHOU

11, RUE GUIRAUDE, 11

—

1895

NOTICE

SUR

L'ASILE PUBLIC DES FEMMES ALIÉNÉES

DE BORDEAUX

Autrefois situé au numéro 145 du cours Saint-Jean
Et aujourd'hui sur le domaine de Château-Picon

Origine.

La véritable création de l'Asile des aliénées de Bordeaux date des années 1804 et 1808, mais l'affectation aux aliénés d'une partie de *l'enclos Arnaud Guiraud,* sur lequel l'asile était bâti au cours Saint-Jean, remonterait, d'après la chronique, à 1551.

Arnal parle d'un *bourdieu* acheté, en 1551, par un *Arnaud Guiraud* qui y aurait bâti sa maison. La situation qu'il indique se rapporte à celle occupée par l'Asile. De plus, les traditions populaires attribuent la fondation de *l'hôpital des Aliénés* à un *Arnaud Guiraud,* marchand qui vivait vers l'époque où, après la découverte de l'Amérique, les expéditions au long cours commencèrent à être pratiquées à Bordeaux, c'est-à-dire vers la dernière moitié du xvie siècle. En voici la légende[1] :

« Un marchand, Arnaud Guiraud, avait mis toute sa fortune sur un
» navire, mais voyant que son retour ne s'effectuait pas, il fut tellement
» affecté de ce retard prolongé, qu'il se vit ruiné et perdit la raison.

» Le retour inespéré du navire rétablit à la fois l'état de sa fortune et
» celui de son esprit.

[1] Extrait d'un Mémoire adressé en 1841 au préfet de la Gironde par la Commission des Hospices de Bordeaux.

» Par compassion pour les malheureux dont lui-même avait éprouvé le
» sort, il consacra l'enclos qu'il possédait à la création d'un petit hôpital
» d'aliénés. »

Cet hôpital se composait de douze à quinze loges en bois, fermées par des
portes à guichet grillé.

Les aliénés étaient gardés par un concierge qui les soignait, les nourris-
sait à l'aide du revenu de 20 à 25 échoppes (maisons à rez-de-chaussée seulement) bordant l'enclos et des aumônes qu'il pouvait recueillir.

Arnal, déjà cité, rapporte, dans ses chroniques, que les jurats achetèrent
ce terrain en 1586. Nous verrons plus tard qu'ils le cédèrent à l'État contre
un autre d'une plus grande importance.

Nous ne suivrons pas, dans cette courte notice, les affectations diverses
des constructions élevées sur ce terrain depuis cette époque jusqu'à la
Révolution.

Il nous suffira de mentionner que des loges *pour les pauvres déments*
n'ont pas cessé d'exister durant cette longue période dans l'enclos Arnaud
Guiraud.

Nous ne prendrons, dans les documents que nous possédons, que ce qui a
trait aux aliénés et ce qui nous a paru de nature à démontrer l'autonomie
de l'Asile, autonomie reconnue depuis longtemps par l'État, par le
département, et tout récemment par le Conseil d'État, en autorisant l'Asile
à emprunter directement au Crédit Foncier l'argent nécessaire pour termi-
ner les constructions commencées.

Affectation définitive aux Aliénés
d'une partie de l'enclos Arnaud Guiraud.

En 1802, la Ville de Bordeaux prit l'initiative, très rare à cette époque, de
créer un hospice spécial pour les aliénés.

Les fonds furent votés par le Conseil municipal, et les aliénés qui étaient
déjà dans l'enclos, ainsi que ceux provenant de la *Manufacture* (Enfants
assistés), alors asile spécial de la ville, y furent installés :

1° Dans une maison de force bâtie par les jurats vers 1769 et entretenue
par le Trésor public, parce que la Ville faisait l'échange de ce terrain pour

un autre plus considérable, appelé la « Plate-Forme », et situé dans un endroit de la ville beaucoup plus central, dont les constructions, élevées aux frais du Roi (60,000 livres), devenaient sa propriété;

2° Dans une partie d'un ancien dépôt royal de mendicité élevé de 1768 à 1770 aux frais du Trésor public.

L'Asile ainsi fondé fut dirigé par une supérieure de l'ordre de Nevers, Mme Duhart, et administré par la Commission des Hospices de Bordeaux, conformément à l'arrêté du Directoire du 23 brumaire de l'an V qui portait que tous les hospices d'une même commune seraient régis par une seule Commission administrative.

Les frais d'entretien étaient payés par la Ville pour les aliénés originaires de Bordeaux.

Le département payait pour les autres le prix de 1 fr. 40 par jour, chiffre énorme pour le temps, surtout si l'on songe que le prix de revient était évalué à *16 sous* (1814).

A partir de cette époque, le patrimoine des aliénés s'accroît progressivement et de la manière suivante :

En 1808, Napoléon visita l'enclos et, après cette visite, décréta qu'il serait créé douze loges pour malades payants. Il affecta une somme de 4,000 francs à cette création.

Les boiseries du parloir où il fut reçu, dont le caractère artistique offrait une certaine valeur, ont été transportées à Picon et ornent actuellement l'oratoire des sœurs.

En 1821, le Conseil général, voyant que les locaux devenaient insuffisants, donna à l'Asile deux ailes de bâtiment et deux cours, le tout tenant à l'ex-dépôt impérial (Petit-Séminaire).

Mais la population augmentant toujours et le préfet ne pouvant, faute de place, faire interner les aliénés dont la séquestration d'office s'imposait, le département vota la création de huit loges qui devaient être réservées spécialement pour les malades ramassés dans les rues.

En 1831, le testament Duhart-Meuriot légua *au Service spécial des Aliénés* trois immeubles importants :

1° Domaine d'Aubidey;

2° Maison de la Bourse n° 14;

3° Deux échoppes sur l'estey de Bègles.

Enfin en 1841, les prescriptions de la loi du 30 juin 1838 furent mises en vigueur et, malgré les protestations de la Ville qui prétendait que l'Asile lui appartenait, un directeur, M. Barroux, fut nommé par le ministre et installé par le préfet de la Gironde. L'Asile était définitivement détaché des autres hospices de Bordeaux.

En 1845, les hommes aliénés qui se trouvaient à Bordeaux furent transférés à Cadillac, et cet asile nous renvoya toutes les femmes qu'il possédait.

En 1851, l'Asile acheta, avec les bénéfices réalisés sur les malades payants pendant les dix dernières années, un terrain attenant à l'établissement et désigné sous les noms de *Corderie* et de *Maison Barade*.

C'est sur cet emplacement qu'on construisit, en 1857, le pensionnat du cours Saint-Jean pour les aliénées des 1re et 2e classes.

Grâce à cette création, l'avenir de l'Asile de Bordeaux s'est trouvé assuré.

En effet, tous les bénéfices faits jusqu'à ce jour proviennent de lui, et l'on n'aurait pas été obligé d'emprunter une si forte somme pour la reconstruction de l'Asile si une grande partie du bénéfice n'avait été employée à combler le déficit occasionné presque tous les ans par l'entretien des aliénées indigentes.

Un relevé fait en 1882, sur la demande de M. l'inspecteur général Foville, établit que les sommes dépensées pour le département pendant une période de trente années s'élèvent à près de 350,000 francs.

En 1886, le prix de journée, qui était de 1 fr. 05, a été porté à 1 fr. 35.

Néanmoins, cette année-ci encore, on perd plus de 5,000 francs sur les aliénées indigentes.

En 1868, l'entrée de l'impasse existant entre le Petit-Séminaire et l'Asile est englobée par ce dernier, mais la propriété du fonds est réservée.

A cette date s'arrête l'évolution de l'asile du cours St-Jean qui a absorbé, dans l'espace d'un siècle, tous les établissements construits sur l'enclos d'Arnaud Guiraud, moins une partie de l'ex-dépôt de mendicité (Petit-Séminaire).

Procès avec la Ville de Bordeaux.

Depuis 1841, époque de la séparation de l'Asile des autres hospices de Bordeaux, la Ville, quoique à de longs intervalles, n'a pas cessé d'en revendiquer la propriété.

La Commission des Hospices rédigea alors, sur la demande du maire, un mémoire sur l'origine et les développements successifs de l'hospice des Aliénés.

Les affirmations de la Commission ne pouvaient être infirmées à ce moment-là sans remonter à leur source.

Le préfet de la Gironde fit parvenir ce mémoire au ministre de l'intérieur, et, en l'absence de documents contradictoires, il servit de base à la dépêche ministérielle du 24 avril 1841, si souvent invoquée depuis par la Municipalité, et dont l'interprétation, réclamée par les tribunaux, donna plus tard gain de cause à la Ville.

A la suite de cette dépêche, la Ville de Bordeaux ayant avancé et maintenu, entre autres prétentions, celle de percevoir de l'Asile un loyer de 25 centimes par journée d'aliéné, le ministre rejeta, comme plus tard le Conseil d'État, cette prétention.

La dépêche ministérielle du 14 août 1845 qui y est relative dit : « Que » l'Asile est aujourd'hui, comme antérieurement, consacré au traitement des » aliénés; que la loi de 1838 n'a aucunement modifié la nature de cet établis- » sement charitable : son mode d'administration seul est changé. *Or, il n'ap- » partient à personne qu'à lui-même*, attendu qu'il existait avant la loi du » 23 messidor an II, dont l'effet a été une confiscation au profit de la propriété » nationale. La loi du 16 vendémiaire an V, en rendant les établissements de » bienfaisance à leur ancienne destination, ne les a ni restitués à leurs » anciens propriétaires, ni attribués en propriété aux communes. Ces établis- » sements sont demeurés biens domaniaux. En un mot, l'Asile de Bordeaux » est un établissement *sui generis* s'appartenant à lui-même. »

Cette thèse n'a jamais fait l'ombre d'un doute, et le fait seul que les aliénés avaient été installés, en partie, sur un terrain qui avait été donné en 1769 à l'État en échange d'un autre, aurait dû faire gagner à l'Asile le procès que lui avait intenté la Ville, l'État et le Département s'étant désistés en faveur de l'Asile et demandant que ce dernier fût déclaré propriétaire des terrains en litige.

Malheureusement il n'en a pas été ainsi, et, après un long procès, suivi devant toutes les juridictions, l'Asile, qui avait d'abord eu gain de cause, fut, à la suite d'un arrêt de la cour de Cassation, débouté de ses prétentions, grâce à l'interprétation de la dépêche hâtivement conçue du 24 avril 1841, et, tout en respectant son autonomie proprement dite, la Cour d'Agen, saisie

du litige après cassation, le condamna à restituer à la Ville une partie des terrains sur lesquels il était bâti.

C'est à la suite de cette décision que survint la convention du 5 août 1885.

Convention passée entre l'Asile et la Ville de Bordeaux.

L'Asile avait donc perdu le procès et devait restituer à la Ville les terrains dont elle avait été reconnue propriétaire.

Seulement, cette restitution pouvait subir de longs atermoiements, attendu qu'il était impossible à la Ville de forcer l'Administration de changer de local ou de faire expulser les aliénées des bâtiments qu'elles occupaient.

Malgré l'instance engagée par la Ville, l'Administration supérieure aurait toujours été libre de maintenir l'affectation de cet établissement jusqu'à la consommation des siècles, ainsi que le disaient Mes Boudias, avoué, et Battar, avocat de l'Asile, en 1874.

C'est ce qui fut compris par les hommes éminents qui étaient à la tête de la Municipalité bordelaise, et, à la suite de pourparlers qui eurent lieu entre elle et M. G. Calmon, président de la Commission de surveillance de l'Asile, dont le dévouement et la compétence ont été si utiles à l'établissement durant cette période troublée à plusieurs points de vue, une convention fut signée le 5 août 1885.

Aux termes de cette convention, l'Asile s'engageait à évacuer les locaux du cours Saint-Jean dans une période de cinq ans, moyennant le paiement par la Ville d'une somme de 300,000 francs représentant l'évaluation des terrains et bâtiments qui étaient la propriété de l'Asile et dont la Ville, par ce fait, devenait propriétaire.

Château-Picon.

Cet engagement pris, il n'y avait pas de temps à perdre pour être prêt dans le délai fixé, car rien n'était préparé et l'on ne savait même pas où l'on reconstruirait l'Asile.

La situation fut alors établie et soumise à la Commission, afin qu'elle pût se rendre compte de ce qu'elle pouvait faire.

En voici le résumé : .

1° Somme provenant de la Ville............F.	300,000	»
2° Domaine d'Aubidey (estimé 40,000 fr.) vendu environ.	90,000	»
3° Maison de la Bourse....................	39,000	»
4° 5,400 fr. rente 4 1/2 % vendus..............	129,885	70
5° 3,600 fr. — —	86,609	70
6° 5,500 fr. rente 3 % vendus................	150,266	70
7° 12,000 fr. — —	324,142	50
8° 105 fr. — amortissable vendus........	2,960	20
Total............F.	1,122,864	80

Cette somme, quoique importante, n'était pas suffisante pour construire un Asile tel qu'on le voulait, et il fut décidé qu'on préparerait les voies et moyens pour arriver à un emprunt de 900,000 francs réalisable le jour où les ressources de l'Asile seraient épuisées.

En peu de temps les propositions pour la vente des propriétés affluèrent, et dix-huit domaines plus ou moins éloignés de Bordeaux furent présentés au choix de la Commission.

Tous furent visités et l'on choisit celui de Château-Picon, appartenant à Mme veuve Faugas.

Ce domaine, d'une contenance de 22 hectares environ, situé dans la banlieue de Bordeaux, à sept ou huit minutes du boulevard du Tondu, clos de murs sur sa plus grande partie, traversé par le ruisseau le Peugue, dans lequel se jette la source dite des Carmes, et possédant lui-même une source dont le débit a été suffisant jusqu'à ce jour pour alimenter non seulement les malades, mais encore le service des bains, placé à une altitude plus élevée que tous les terrains environnants, remplissait toutes les conditions désirables pour y construire un Asile d'aliénées.

Il a été payé 200,000 francs.

Cette magnifique acquisition ayant été faite, M. Valleton, architecte du département et de l'Asile, fut chargé de visiter les principaux asiles de France et de l'étranger et d'élaborer ensuite le plan du nouvel établissement.

Les plans présentés ayant été approuvés par la Commission et par le Conseil des Inspecteurs généraux, on se mit à l'œuvre et, dans l'espace de quatre ans, les bâtiments nécessaires furent construits.

Le 5 août 1890 le transfert des malades (566) et du matériel fut commencé. Huit jours après tout était terminé et l'enclos historique d'Arnaud Guiraud définitivement abandonné par les aliénées.

Elles furent installées dans le nouvel Asile de *Château-Picon,* désignation qu'on a voulu conserver à l'exclusion de toute autre considération, car son origine se retrouve sur les plans et les documents que nous possédons et remonte au moins à 1647.

Division de l'Asile.

Le nouvel Asile est divisé en deux parties bien distinctes :

      1° L'asile des indigentes ;
      2° Le pensionnat.

L'asile des indigentes comprend :

      1° Le bâtiment d'administration ;
      2° La cuisine ;
      3° Les bains et le château-d'eau ;
      4° La chapelle ;
      5° La buanderie ;
      6° Quatre bâtiments à deux étages ;
      7° Trois bâtiments à un étage (dont un en construction);
      8° Deux bâtiments à rez-de-chaussée.

Le pensionnat, complètement séparé de l'Asile, est situé sur l'emplacement de l'ancien château, au milieu d'un parc. Il est aménagé pour recevoir des pensionnaires hors classe, à 11 francs par jour; de 1re classe, 5 francs; de 2e classe, 3 fr. 50; de 3e classe, 2 fr. 50.

Un pavillon spécial est destiné à une malade à raison de 16 francs par jour.

La surface totale de ces bâtiments est la suivante :

1° Surface occupée par les logements des aliénées :

Régime commun......................	3,757m02	
Pensionnat.........................	2,472 60	6,229m62
2° Grands promenoirs couverts.......................		1,019 36
3° Bâtiment d'administration.......................		636 02
Report.......		7,885m00

A reporter . . . .   7,885^m00

4° Surface des bâtiments des services généraux :

Logement des concierge et jardiniers.	90 16	
Parloirs.	123 »	
Cuisine.	555 96	
Bains généraux.	431 36	2,524 91
Magasins.	75 60	
Chapelle.	385 »	
Ateliers, buanderie.	863 83	

5° Logement des directeur, médecin, receveur-économe 519 65

6° Exploitation agricole :

Écurie et remises.	117 75	
Serre	124 »	
Hangar, fenil.	132 »	672 75
Vacherie.	147 »	
Porcherie..	152 »	

Surface générale des constructions. . . . . .   11,602^m22

L'Asile est construit pour recevoir 750 malades, mais la construction de deux nouveaux bâtiments va encore augmenter ce chiffre.

Deux millions 600,000 francs ont été déjà dépensés.

Régime alimentaire.

En 1814 le régime alimentaire des aliénées était le suivant :

Trois repas par jour.

Le matin, du pain seulement; à midi, la soupe, du pain à discrétion, un verre de vin; le soir, de la viande ou des légumes.

Chaque aliénée mangeait dans sa loge aux heures fixées pour les repas, et alors toutes les portes étaient fermées : mangeait qui voulait.

Aujourd'hui, nos aliénées font encore trois repas par jour, mais voici le régime :

1re CLASSE.
- 1er *Repas.* — Café au lait ou chocolat, au choix.
- 2e *Repas.* — Un potage, deux plats de viande, un de légumes et deux desserts.
- 3e *Repas.* — Deux plats de viande, un de légumes et deux desserts.

2e CLASSE.
- Même nombre de plats et de desserts, mais plus ordinaires comme variété et composition.

3ᵉ Classe.
1ᵉʳ *Repas.* — Café au lait ou chocolat.
2ᵉ *Repas.* — Deux plats de viande, un de légumes et un dessert.
3ᵉ *Repas.* — Potage, un plat de viande, un de légumes et un dessert.

4ᵉ Classe.
et
RÉGIME COMMUN
1ᵉʳ *Repas.* — Soupe et souvent lait et café au lait.
2ᵉ *Repas.* — Soupe, un plat de viande, un plat de légumes.
3ᵉ *Repas.* — Un plat de viande, un plat de légumes cuits ou salade, parfois du fromage ou de la confiture.

Les jours maigres, des poissons frais, de la morue, des mollusques et des œufs.

Tout ce qu'il est possible de faire pour varier le menu afin de plaire aux malades et maintenir la réputation de l'Asile est tenté d'un bout de l'année à l'autre.

Population.

Avant la Révolution, la population, qui était de 10 à 12 aliénés, augmenta en 1802 par suite du transfert de ceux de la ville et atteignit le chiffre de 37. Tous les documents relatifs à cette époque ayant suivi la Commission des Hospices en 1841, nous ne pouvons donner que quelques chiffres que nous trouvons dans divers rapports dont il a été pris copie.

En 1815, la population était de 100 aliénés, de 109 en 1818, et de 125 en 1823.

En 1841, époque de la cession de l'Asile par les hospices, l'Asile renfermait 186 aliénés.

En 1851, 298; en 1861, 415; en 1871, 460.

En 1881, 536; en 1891, 617; en 1894, 707.

Ce chiffre est aujourd'hui (22 juillet 1895) de 734, plus élevé que jamais.

Entrées.

Les entrées, comme on vient de le voir, ont augmenté d'une manière effrayante de 1841 à 1895.

En 1842 . . . . 86 entrées. En 1850 . . . . 94 —
1846 . . . . 106 — 1856 . . . . 120 —

En 1857. . . . . 137 entrées.   En 1882. . . . . 158 entrées.
    1867. 121   —   1884. 160   —
    1873. 121   —   1890. 178   —
    1874. 150   —   1894. 195   —

Sorties et Décès.

Voici un résumé des sorties et des décès durant la même période :

En 1841. . . . .   30 sorties. . . . .   15 décès.
    1847.   40   —   36   —
    1849.   83   —   100   —   (choléra)
    1854.   40   —   45   —
    1861.   55   —   44   —
    1867.   54   —   59   —
    1870.   55   —   66   —
    1875.   66   —   53   —
    1880.   79   —   54   —
    1885. 107   —   75   —
    1890.   87   —   62   —
    1894. 102   —   75   —

Le chiffre des décès serait moins considérable si l'hôpital de Bordeaux, l'hospice Pellegrin et le dépôt de mendicité n'avaient pris la mauvaise habitude de nous envoyer leurs vieilles démentes à la dernière extrémité. Elles meurent quelques jours après, le lendemain quelquefois.

Répartition de la Population par genre de Maladies.

La population de l'Asile se compose :

Folie simple. 414
Démence. 137
Épilepsie.   52
Idiotie.   62
Paralysie générale progressive. . . . . ,. . .   39
                                                                    ‾‾‾‾
                                                                     734

Journées de présence.

Les journées de présence des aliénées de 1841 à 1894, ainsi que les dépenses occasionnées, sont les suivantes, tous les dix ans :

	Journées de présence.		Dépenses.
1841	34,326	F.	42,625 83
1851	105,824		114,852 41
1861	150,843		210,379 55
1871	162,977		234,177 93
1881	195,818		295,937 80
1891	215,380		409,476 75
1894	258,813		453,782 47

Durant cette période de cinquante-quatre années, les journées de présence se sont élevées à un chiffre total de 8,341,508 journées, et les dépenses (déduction faite des constructions nouvelles) à 12,163,593 fr. 84.

Création d'un quartier spécial pour les idiotes perfectibles.

Tout dernièrement, le Conseil général de la Gironde a voté la création d'un quartier spécial destiné à hospitaliser les jeunes idiotes perfectibles.

La somme affectée à cette création est de 69,000 francs; elle se décompose ainsi :

Legs Génin	F.	11,693
Pari mutuel		24,000
Participation de l'Asile		33,307

COMMISSION DE SURVEILLANCE

MM. Calmon (G.), président du Tribunal civil de Bordeaux, *Président de la Commission;*
Preller, *Secrétaire;*
Saignat, professeur à la Faculté de droit;
Clouzet, conseiller général;
Goujon (Th.), député.

PERSONNEL DE L'ASILE

Administration

MM. Calès (le Dr J.-G.)..................... *Directeur.*
Campana (Ch.)........................ *Receveur-Économe.*
Gallet (H.).......................... *Secrétaire.*
Bardeau........................... *Économe adjoint.*
Bizat............................ *Commis d'économat.*
Dutartre......................... *Commis de direction.*
Duneuil (Victor).................... *Commis de recette.*

Service médical

MM. Pons (le Dr)......................... *Médecin en chef.*
Dubourdieu........................ *Interne.*
Mahon........................... *Interne.*
Chapelle (de La).................... *Interne provisoire.*

Service de surveillance

Mme de Séré, *surveillante en chef,* supérieure des Sœurs de l'Asile.

Bordeaux. — Imp. G. Gounouilhou, rue Guiraude, 11.

www.ingramcontent.com/pod-product-compliance
Lightning Source LLC
Chambersburg PA
CBHW060712280326
41933CB00012B/2411